JN439353

산고양이를 보다

국립중앙도서관 출판시도서목록(CIP)

산고양이를 보다 : 박분필시집 / 지은이: 박분필. -- 대전
: 지혜, 2013
p. ; cm. -- (지혜사랑 ; 077)

ISBN 978-89-97386-48-2 03810 : ₩10000

한국 현대시[韓國 現代詩]

811.7-KDC5
895.715-DDC21 CIP2013001211

지혜사랑 077

산고양이를 보다

박분필

시인의 말

조개가 진주를 품지 않으면
참 편하게 살아갈 것인데 진주를 품고 산다.
힘든 고통을 감내하면서 까지
때론, 여행이나 다니면서 편하게 살지
왜 사서 고생인가 마음을 볶기도 했다, 하지만
품지 않으려면 더 아팠다. 결국 품고 아픈 것이
훨씬 행복했다고 말하고 싶다.

2013년
박분필

차례

2부

3부

4부

1부

오체투지

비 온 뒤의 보도블럭
지렁이들이 온몸을 붓 삼아 수상한 상형문자를 기록한다
쓰다가 발에 깔려 문질러진 놈, 토막토막 여며진 채 기는 놈
흙속을 벗어나면 순식간에 미라가 되고 말 걸
알까 모를까
오로지 죽음을 향해 오체투지하는
저 봄날의 장렬한 육박전 같은 몸부림은
저 봄날의 화려한 사육제 같은 몸부림은
누구더러
누구더러 읽으라는
아득한 메시지일까

낡아가는 그늘

나무가 제 그늘을 들어 옮긴다
십 초 이십 초 간격으로, 그늘이
조금씩 낡아가는 걸 나무는 알까
나무는 내일이면 당장
새 그늘을 갈아입을 것이다

공원 귀퉁이에 버려진 낡은 옷
누군가를 감싸주었던 기억마저 누덕누덕하다
주머니를 뒤지고 솔기를 까뒤집던
바람도 이제 피곤하다

단순한 일상을 매일 반복하는 일이란
얼마나 마음 지치고 낡아가는 일인지
실밥 하나 기어 나와 낡고 지친 옆구리들, 상처들
잡아당겨 깁기 시작한다

어둠이 깊어져
남은 그늘들을 모두 지워 버린다

산벚꽃

꽃잎이 떨어져 내리고 있었다

그때
어머니의 눈꺼풀도 꽃잎처럼 떨어졌다

꽃잎의 이마에 뺨을 대듯
어머니의 이마에 뺨을 대고
꽃잎의 뺨에 입술을 대듯
어머니의 뺨에 입술을 대었다

한 사흘쯤이라도 더 머물다 떠나라며
개울이 떨어지는 꽃잎을 받고 있다

꽃잎이 오래 물살 위에 머물고 있었다

산사의 겨울비

어떤 낌새가 한밤중에 잠을 깨웠다

얼지 말라고 틀어놓은 수도꼭지에서
떨어지는 물방울 치고는 섬찍지근했다
공업용 재봉틀 돌아가는 소리다
노루발이 납작 바닥을 물고
깜깜한 밤을 짱짱하게 박는 소리다
가끔은 겹쳐진 솔기를 쿨렁
요철처럼 넘어가던 노루발이 당기는 힘으로
어느새 꾸리에 감긴 빗줄기가 술술 풀어져
팽팽하게 부풀었던 어제의 고요를 검은
바다에 물미역처럼 흔들고 있는 소리다
한 무리의 숭어 떼들이
무지개 색으로 몰려드는 소리다

내 무지개 빛깔들이, 푸른 것들이
물거품처럼 정처 없이 흘러가는 소리다

초대

꽃샘바람이 꽃샘바람을 데리고 와
덕유산 통나무집 너와지붕을 난타하고 있습니다

봄눈이 봄눈을 불러 모아
지붕을 붕대로 하얗게 감고 있습니다

백버짐 낀 물박달나무 가지와 가지가
하얀 붕대를 풀고 있습니다.

너와지붕 위에서 놀던 햇살이 햇살을 손짓하더니
햇살과 햇살이 빛, 빛을 산란하고 있습니다

통나무집 지붕아래 예쁜 다락방이 있습니다
유리컵에 꽂은 생강꽃이 말문트기 시작했습니다

당신, 여기 오실래요?
오늘밤은 꼬박 꽃담을 나누고 싶습니다

올챙이

웅덩이에 쉼표들 몰려다닌다
그 깊이 없는 문장에는 느낌표나 물음표가 필요 없어
쉼표들만 쉬지 않고 마라톤을 한다

나도 한 점의 부호였으니
올챙이 꼬리 힘차게 흔들며 질주하는 속도였으니

내 한 생 그 텃밭에
튼튼하게 말뚝 박아야 했으므로
누구보다 먼저
그 위대한 지점에 나를 꽂아야 했으므로

절정의 순간이 지난 후, 수많은 쉼표들이
은행나무 수꽃가루처럼 공중을 맴돌다 내린다

웅덩이에 고인 물이 천천히 말라간다
한 생애를 점찍을 부호가 되지 못한 숱한 부호들이

진흙탕에서 무덤을 이루고 있다

이윽고, 다비라도 하려는지
불땀 좋은 노을 한 자락의 불길이 이글이글 숯잉걸이 된다

덕유산 계곡

새벽 무렵 무슨 소리가 들린 듯해서
소리가 들려오는 쪽으로 나가 보았다

생강나무꽃 터지는 샛노란 소리와
도롱뇽이 산죽빛 물속에
계곡의 바위틈에 산란하는 소리였다

벌집처럼 흙이 묻은 잔설 속으로
물푸레나무가 계곡 물을 길어 올리는 소리였다
새잎 자리에 푸른 핏물로 수혈하는 소리였다

와글와글 거릴 초록빛 손들과
달문에다 내걸 푸른 발을 준비하는 소리였다
새늘이 놀다간 자리
새소리 남아있는 가지가 설레는 소리였다

소리와 소리가 소리를 부르는 길

조심조심 발걸음을 옮겨 디뎠다
내 속 어디에서 새벽이슬이
가문 속을 적시며 쿵쿵 떨어져 내렸다

구멍

밤은 계란 같은 혼돈입니다
나도 혼돈 속 혼돈입니다

딱따그르 따르르 딱따그르…
도량을 도는 스님의 목탁소리가 구멍을 뚫습니다

소나무에 뚫린 딱따구리의 구멍이
내 막힌 가슴을 관통합니다
구멍하나가 새로 생겼습니다

첫째 날은, 내가 본 것들을 지우고
둘째 날은, 내가 들은 것들을 지우고
셋째 날은……, 지우고 또 지우고

그 하나의 구멍이 눈이었으면 생각해 보았습니다

그 외눈 속에서 얼룩얼룩한 얇은 막을 깨고

콩자반 같은 눈동자가 금방 태어날 것 같습니다

어쩌면 그 구멍이
눈이 아닌 입이어도 좋겠습니다
빛을 물고 날아와 끝없이 먹여주는 입과
그 빛을 꿈처럼 받아먹는 입

아니면,
입이 아니고 귀가 되어도 좋겠습니다
바람을 가르며 날아오는
구름의 날갯짓 소리와 분홍빛 숨소리를 담아두는

동그란 숨구멍이 뚫린 붉은 소나무가 의연히 서있습니다
사철 푸르청청한 마음도 나처럼 혼돈일 때 있었나 봅니다

0.5초

연못 속에 겨울 감나무가 들어가 있다
감나무에 달린 붉은 감들은 물의 심장이다
물속에서 팔닥팔딱 뛰고 있는

한 마음이 한 마음에게 가는데
걸리는 시간이 0.5초라더니
못 둑에 서 있는 내 발과 감나무 뿌리가
맞붙는데 걸린 시간도 그쯤 걸렸을까

비로소 나도 하나의 자연
인과물이 뿌리와 뿌리를 맞대고 있다
8분20초 전에 태양을 떠난 햇살이 방금
이곳에 도달해 내 체온과 섞이고 있다

무명수건처럼 구름이 서리 낀 감을 닦고 있다
백년의 한을 닦고 또 닦던 어머니의 정화수
눈비와 바람이 저 수면을 얼마나 닦고 닦았으면

구름의 가려움까지 다 비칠까

물결이 감미로운 언어의 꽃으로 파닥거린다
순간 몸이 느끼는 맑고 밝은 맛, 내 두 눈이
신의 정갈한 눈 같은 연못과 눈혼례를 한다

가랑잎

나를 내려놓는다
내 육신을 여기 잠들게 한다
너무 힘들게 끌고 다녔으니
이제는 풍랑 속으로 던져버린다
숱한 바람과 맞섰던 나를 이제 놓아 버린다
노을을 끌어와 덮고 산 초상을 치른다
찾아오는 사람이 아무도 없다
나는 내내 발견되지 못한다

여기는 외딴섬 바람의 언덕이다

검은 숫염소 떼
풀밭을 헤매고 있다
가랑비가 내리는데 피할 곳이 없는 영혼처럼
몸 없는 내 영혼 나뭇가지에 앉으려 한다
한낱 깃털과 같은 나를 바람이 날려 버린다
절벽에서 파도 속으로 낮달이 뛰어든다
내 흔적도 가볍게 물너울로 흩어져 간다

템플스테이

사소한 일상으로도 절창이 되는
어느 시인의 시집 위로 거미 한 마리 날아 내렸다
여섯 개의 다리로도 날 수가 있구나
날개가 되는구나
태양의 흑점에서 떨어진 한 알갱이 같은 거미가
흑요석빛깔 눈으로 나를 외계인처럼 쳐다본다
템플스테이 족 거미를 내려다보다가, 문득
거미와 나는 지금 네모난 작은 방에 담겨있는 내용물,
네모난 상자 속에 담겨진 내용물이 아닐까 생각하며
서로 의미심장한 눈빛을 교환하는 동안
눈꽃이라도 흩뿌릴 것 같은 달빛 한 장이
사소한 추억처럼 선물상자를 포장하고 있다
거미의 등짝처럼 말랑하고
짧은 다리를 수없이 가진 밤이, 포장된
선물상자를 들고 검은 망토처럼 흘러간다
밤은 도대체 우리를 싣고 어디로 가는지
'여보세요!',

'이 번호를 가진 밤은 지금
신호가 닿지 않는 곳으로 흐르고 있습니다'

초승달

횟집 앞에서 노인이 칼을 갈고 있다
칼을 밀고 당길 때마다
숫돌의 가슴팍은 움푹 꺼지고
뼛가루가 희게 씻겨 내린다
칼 쪽으로 길게 늘어나는 힘을 허리로 당겨
노인의 등이 활처럼 휘었다
늦은 저녁이 파랗게 날을 세우고
그는 고개를 뒤로 밀치고 한쪽 눈을 지그시 감는다
칼날 위로 미끄러지는 노인의 엄지손가락 방향에서
자목련 백목련의 꽃잎들이 바람에 나부낀다

그의 등 뒤 수족관에서는 광어 우럭 개불들
느리게, 남은 시간 들을 달래고 있다
횟집여자는 나무도마 위의 햇살을 토막 내며
뼈와 살을 분리해 꽃잎을 뜬다
납작납작 잘 저며진 자목련 백목련
빈 접시에 꽃잎들을 수북이 담는다

칼이 숫돌을 갈고 숫돌이 칼을 간다
노인이 떨리는 손을 들어 망태기를 챙긴다
노인의 늑골이 더 둥글게 휘어지며
초승달처럼 횟집 한켠을 밝힌다

아카시아

장작 같다, 라는 말은 뻣뻣하다, 라는 말과 잘 통한다.
시체를 비유하기도 하고
살갑지 못한 여자를 떠올리게도 한다

장작개비 같은 다리
거기다 개비가 붙어 아주 마른 다리를 일컫기도 한다
즉, 내 몸 또한 장작이기도 하다
따라서 내 삶은 타오르는 장작불

장작을 패다보면, 어금니를 앙다물고 쪼개지지 않으려고 발악하는 소나무가 있고
거리낌 없이 제 속을 쫙 열어주는 상냥한 아카시아가 있다

아카시아 장작을 열고 보면 분홍 파랑 노랑의 색과 색들이
서로서로 경계를 허물어가며 두근거리고 있다

나무도 사람처럼 두근거리는 마음이

빈 둥지를 품고도 설레는 암탉처럼 못 말리는 정성이 있다
가장 깊은 곳에 아무도 몰래 숨겨두고 싶은 것이 있는 것이다

봄을 보낸다

봄을 붙들어 액자에 넣고
거실 벽에 걸어두었다
가지마다 화안하게
꽃등 밝힌 벚꽃그늘 밟으며
은어 떼처럼 봄비 몰려온다

액자 밑 흔들의자에 기대
꽃잠 든 어머니의 무릎 위로
팔랑팔랑 꽃잎들이 떨어진다
꽃잎이 가는 길로
어머니도 갈 길 서두르신다

그의 등

할아버지, 물고기 잘 낚이세요?
괴기 낚는 거 아니라우…

그러면 왜 낚싯대를 드리우고 있어요?
난 원채 괴기는 낚지 않어유, 낚싯대가 잘 맹그러졌나 보는 거여유…

낚싯대가 회창거리는 갑천 둑길을 헤매고 있었습니다
입안에 마른 이끼만 키웠던, 그해 겨울은 몹시 추웠습니다

누덕누덕한 할아버지의 등은
세상의 바람들이 밀어낸 조각품이었습니다

웅크린 등이 말을 하였습니다
갑자기 날씨가 추워지면 괴기도 입이 둔해 진다우…

그의 허술한 등이 바람벽처럼 따뜻했습니다
사람의 양지는 사람임을 알았습니다

2부

물수제비

발가락이 노란 새 한 마리 숲을 꿰고 있습니다

새의 맥박소리 가늘게 흔들려서 고요를 꿰고 있습니다

거북돌이 물 밑에 가만가만 엎드려 물살을 꿰고 있습니다

시간이 물소리를 꿰고 물소리는 시간을 꿰고 있습니다

물뱀이 단풍을 맑게 시침질하는 햇살을 꿰고 있습니다

푸른 물잠자리 날갯짓이 바람을 꿰고 있습니다

너와집 처마의 그을음이 가을 한 접을 꿰고 있습니다

산고양이를 보다

구겨진 어둠 다림질 하며
세상 밖에서 울퉁불퉁한 도로로 차를 몰고
사람의 마을로 내려간다

온몸이 깜깜한 산고양이 한 마리가 길옆에서
반짝이는 나뭇잎 같은,
단풍나무 열매 같은 두 개의 눈망울로
갸르릉갸르릉 무슨 암호를 타전하고 있다
현장 확인을 생략하고
맥주에 치킨을 곁들이기 위해 달리는 길

갓길 따라 맥주거품 같은 눈발들이 날리고 있다
얼어붙은 잔설이 잘 튀긴 닭 껍질처럼 바싹바싹 바퀴에
부서진나

용현 휴양림 통나무집으로 돌아오는 길
고양이가 있던 자리에 고양이가 지워져 깜깜하다

마치 미래처럼 볼 수 없는 내 눈을
그 놈은 현재 노려보고 있을 것이다
뒷자리의 포장치킨에서
수상한 소문들이 모락모락 들려온다
창문을 조금 내려 소문을 흘려보내는데
그때! 고양이 꼬리가 얼핏 백미러에 찍힌다
꼬리는 밟히지 않으면 그만이다
증거인멸이지
조작의 흔적은 더욱 없으니
유리창에 눈, 눈, 눈들이 바글거린다

공원에서

공원에
깨진 유리병들이 바닥에 널려있다

함께 술을 마시다 취한 B가
억울한 일을 당했다며 A에게 하소연을 했고
똑같이 만취한 A는
동병상련同病相憐이라는 말로 위로를 했겠지
아니라며, B가 펄펄 뛰었을 테고, B는
동병이 무슨 몹쓸 전염병쯤으로 여겨졌겠지
B가 거칠게 말을 몰았을 테지, 멱살을 잡고
땅바닥에 두 사람의 입으로부터 튀어나온
거품 묻은 말들이 떨어져 팔딱팔딱 뛰었겠지
놀란 왕개미들이 우왕좌왕 까맣게 몰려다녔겠지
검정 개미들처럼 털을 세우고 그들은 거품 묻은
상대의 말꼬투리를 서로 물고 뜯었을 테지
그들이 밟아 죽인 개미들
흙바닥에 검게 깔린 독설들

C인 청소부 아저씨가 공원을 쓸고 있다
공원은 텅 빈 무대처럼 D가 등장할 때까지 휴식이다

가을 햇볕

평사리 한옥 체험관 대청에 앉아있다

기와지붕 꼭대기에서 살금살금 기어 내려온
하얀 햇살이 사뿐, 마당으로 뛰어 내린다
흙 묻은 맨발로 살포시 마루 위로 올라온다

나는 햇살에 눈이 찔려 뒤로 물러나
창호지 팽팽한 격자 문살에 기대고 앉는다

햇살은 자외선 현미경 배율을 높여 나와 거리를 좁힌다
한 장 한 장 슬라이드 환등기처럼 표정을 넘기는 척 하더니
어느새 주름살을 끌어와 내 눈가에다 슬쩍 깔아놓는다

얼른 모자챙으로 얼굴을 가리려다가
나는 더 강한 눈빛을 쏘아 그 놈을 포위한다

떴다하면 얼른 잡아야 문장이 된다
그 놈에게서 과연 몇 줄의 이야기가 끌려나올지

다리 긴 모기

된서리가 내리고
산속 밤은 절벽처럼 캄캄한데
탁탁 따그르르 목탁 소리
말모기가 삐꺽거리는 몸으로 창호지 문을 두드린다
밤이 개울물처럼 흐른다
이 늦가을에 죽어가는 곤충들이
물고기들이
모기의 목탁소리로 천도 될 수 있을지
나와 인연의 줄기에라도 묶인 듯 녀석은
비척비척 온돌방 아랫목까지 내 눈길을
끌어 잡고 내려오더니 뒤로 벌렁 나자빠진다
겨우 일어나더니 다시 기를 쓰고 퍼덕퍼덕 뛰어다닌다
여름을 키질하느라 휘어진 두 날개를 지팡이처럼 짚고
몸을 세워 돌다가, 물구나무를 서다가 중심이 무너진다
낡은 옷자락에서 뜯어낸 검정 실밥 같은 다리가
그만 기진맥진
가슴 하나에 심어진 여섯 개의 다리가 다시

엉클어지더니 서로를 더듬더니 허공을 놓아 버린다
그 바람에 가을에서 겨울 쪽으로 기우뚱
계절이 몇 눈금 더 기울어지고

산길

은빛 실 한 가닥이 애벌레를 잡고 흔들고 있다

애벌레가 자기 속에서 뽑아낸 줄에 매달려
바람에 흔들리며 바람을 닦고 있다

바람이 유리창처럼 반질반질 윤기 흐른다

애벌레가 외줄을 타고 오르내리며 공중을 닦고 있다

애벌레가 공중을 닦는 일
공중에서 하늘에 이르기까지 바람을 물빛으로 닦는 길이
스스로 날개를 달아 나비가 되는 길이다

사소한 행복

엘리베이터를 탔다

고추잠자리 한 마리 나보다 먼저 올라 타 있다

단지, 날개도 없는 사람들이 20층까지 날아오르는 문명을
저도 타보고 싶었던 건지
아니면 날개에 이상이라도 생긴 건지

중간중간 멈춰서고 문이 열려도 내릴 생각 아예 않는다

1층에서 나는 열림 버튼을 누르고 오래 잠자리가 내리기를 기다렸다

잠자리가 기분 좋게 팔랑팔랑 앞서 날아 나갔다

닫힌 문이 활짝 열어젖혀 진다는 건 얼마나 희망찬 일인지
친구와 차를 마시기 위해 인사동 가는 이 시간이
얼마나 즐겁고 기분 좋은 일인지

여자, 그 여자

찻잔이 되기도 하는 찻잔
때론 밥그릇이 되기도 하는
밥 한 숟갈만 들어가면 고봉이 되기도 하는
가끔은 노란 좁쌀 밥 같은 여자가 오도카니 담기기도 하는
냇물소리를 퍼와 마음을 헹구기도 하는

산 벚꽃이 날아와 담기다 넘치기도 하는,
비와 바람이 후리고 간 뒤에도 떨어지지 못한 꽃
모두가 떨어질 때, 그때가 때인, 때를 놓친 꽃
후줄근한 노숙자의 낡은 점퍼 같은 꽃

풍경이 피어나는 산의 정면과 발아래 냇물의 척추를
눈으로 다 찍는 여자를 가지고 온 고양이 눈알만한
종지가 통나무 찻상에 앉아 일기를 쓴다
밥그릇이 되기도 하고 술잔이 되기도 하는 찻잔이
여자를 쓴다

양지마을

고치 하나에 번데기 한 마리씩 있습니다
어쩌다 운이 좋은 고치 속에는
주름에 주름을 의지한 번데기가 두 마리 있기도 합니다

새벽안개가 걷히고
감잎 위에 아침 햇살이 내려앉기 시작하면
고치 속에서 은빛머리 흔들며 나방들이 빠져 나옵니다
아들 딸 손자들은 다 도시로 떠나고
한 집 건너 빈집, 빈집 건너 고모 숙모 이모
온 동네 장수 나방들 날개 펄럭이며
햇살 바른 우리 집으로 모여 듭니다

우리 집과 외숙모집 사이에는 우물이 있습니다
그 우물에는 뽕나무 한그루가 뿌리를 담그고 있고
여름이면 무지개의 한쪽 기둥이 박히기도 합니다

외숙모가 등 굽은 몸 수레를 끌고 가

우물 속으로 낡은 두레박을 던집니다
두레박이 체머리를 흔들며 올라옵니다
두레박에 담긴 물의 반이
은빛붕어처럼 다시 우물 속으로 뛰어 내립니다
이 우물 덕에 장수한다, 한마디씩 하며
동네 할머니들 해미산에 햇기 다 걷히기도 전에
거적눈을 비비며 각자의 고치 속으로 다시 파고듭니다

늙은 낙타

여행객을 태우고 화염산 꼭대기까지 올라갔던 낙타들이 붉은 먼지바람을 더 붉게 풀썩이며, 회오리치며 내려온다

그들을 뒤따라 병들어 쫓겨난, 떠돌이 늙은 낙타 한 마리 태양이 지핀 불길을 등에 싣고 비척비척 비탈에 갈 之자 붉게 써 내린다

언제부터였을까? 오랫동안 음식 섭취를 못했을 때 에너지로 사용될 45kg의 지방, 그 비상식량까지 거덜 난 쌍봉도 이미 질긴 등가죽으로 말라붙어 버렸다

이제 그만 붓을 놓아도 될 것 같은데 쓰러지기 전까지 한 줄의 슬픔이라도 더 덧붙이려는 듯 무거운 목숨 줄 끌고 내려온다
매번 가파르고 휘어지기만 했던 그 문장들, 토씨 하나라도 빠트릴까봐

삭은 지푸라기 같은 관절을 밀고 당길 때마다 자꾸만 붓이 꺾인다

폐가의 문살 같은 저 갈비뼈들, 한 생애를 기록한 자서전 한 권

그 사랑

파리 두 마리가
유리창 위에서
비상과 착륙을 거듭하다가
방금 사랑에 골인했다

숨어서 사랑하는 사람에게 보란 듯이
아주 당당하게
그 환하고 투명한 곳에서 두 생명이 하나로 뭉쳐있다

한꺼번에 두 마리!
종래의 내 버릇대로 파리채를 잡다가 그만 슬쩍 밀어 버렸다
나 아닌 다른 생명을 세상에 부려 놓는 것도
신이 이미 오래전에 부여한 사명
그 사랑 하나를 차마 내 손이 멸할 수는 없었다

베란다 문을 열고 어린 사과나무가 보이는 발코니로 나

가고 싶었지만
나는 그 사랑이 끝나기를 기다렸다

사랑은 기적을 만든다더니, 그렇구나
그들의 사랑도 역시 기적처럼 서로의 목숨을 구했다

텃밭

울타리를 치고 말들을 가둬두고 있다
내가 다스리고 훈련시켜서 풀어줄 망아지들이다
길들이지 못한 말발굽은 때로 피를 부를 수도 있으니
때때로 내 안을 둘러보지만 견고하지 못한
울타리 탓으로 잡을 새도 없이 한 마리가 뛰쳐나간다
달릴 줄은 알고 멈출 줄은 모르는 내 말이
당신이 가꾼 채소밭을 이미 밟아 버렸는데
때늦은 후회와 부끄러움으로 서성이는데
얼어 있던 마당 한편에 연둣빛 여린 새싹 하나가
좀처럼 지워지지 않던 캄캄한 내 얼룩을 지워준다
텃밭에 씨앗을 꾹꾹 눌러 심는다

가벼워서 당신을 아프게 한 내 말들

아기새

아버지
내 날개가 아직은 덜 자랐다구요
그러니까 대번에 높게 날 생각은 말라고요
건너편 가지에 앉아 꼬리를, 마음을
까딱이며 아버지 나를 지켜봅니다

아버지
내 길은 왜 보이지 않지요
갈 수 없는 길만 보여요
내 길이 자꾸 구겨져요
마음이 저려요, 마음을 박박 긁어내고 싶어요

아버지, 왜 내 날개는 소극적일까요
염려하지 않아도 될 것을 염려하며
나뭇잎 뒤에서 새끼 지켜보는 아버지 눈빛처럼
까딱거리지 않으면 불안한 아버지의 꼬리처럼

어린 새
드디어 날개를 펼치고 날아오릅니다
자식의 비상에 비로소 아버지 머리 끄덕이고
마음 놓고 조용히 야위어 갑니다

애인

백화점에서 아이쇼핑 하던 중
와인색과 겨자색의 체크무늬, 정사각형의
지갑이 감쪽같이 사라졌습니다.

카드 속에 적혀있는 내 이름과
운전면허증 왼쪽 상단에 있는 상반신의 나
말은 못해도 틈틈이
감쪽같은 탈출을 노리지 않았나 싶네요

아무리 안락하더라도 머물고 싶지 않는 곳이면
감옥이라지요,
종일토록 감옥이라지요

지옥 아닌 것만도 만만다행 아닌가요

감쪽같이 나를 떠난
아득한 사람아, 사람아
그래, 지금 그곳에서는 산새처럼 행복한가?

소포

영안실 바퀴달린 침대 위에
어머니
알몸으로 누워계셨다
속 단장 겉 단장 조심조심 포장을 했다

소포를 실은 침대의 바퀴가
이승의 좁은 갱도를 삐꺽거리며 내려갔다

내 몸을 담아 주었던
가장 따뜻했던 그릇 한 죽
어머니
보내드려야 하는데
그곳에는 우편 번호가 없다,
그 먼 나라에는 주소가 없다

발자국

누군가의 발자국 얼어붙어있네
마음은 떠나고 기억만 남아있네

버리러 왔다가 차마 못 버리고
서둘러 거두어 떠난 흔적이겠네

마음 밖을 떠돌던 저 발자국
차갑고 냉정한 한 생애의 승객을 싣고
미끄러운 제 삶을 아슬아슬 밀며, 마음
안으로 다시 돌아간 먼먼 유랑이겠네

3부

레이스

사막이 레이스를 뜨고 있었네

햇살로 도금한 금빛바늘을 쥐고 있었네

빛과 그늘이 알망달망 어룽진 곳에
등에 혹이 난 야생소 한 마리가 쉬고 있었네

파리를 쫓는 암소의 꼬리채에 놀란 그늘 문양들
잠자리 날개처럼 날아오르다
여기저기 내려앉았네

레이스를 깔고 앉아있는 흰소
나도 모르게 그쪽으로 목례를 보냈네

야생소의 눈 속에 남루한 내가 있었네

낚시

강태공이 한두 대 묵은 수초를 잘라낸다
수초가 무너진 빈곳을 하늘이 차고 들어간다

참붕어가 짭짝짭짝 미끼에 입질을 한다
찌가 파르르 빨간 신호를 보낸다

챌까? 말까!
그의 손아귀에 찌르륵 전류가 탄다

회중금시계를 한 붉은 비늘정장 한 벌과
은빛 지느러미가 연잎 속으로 유유히 사라진다

그 소란 중에도
연꽃은 귀 여리지 않아 별빛처럼 차고 단정하다

천기가 누설될 뻔한 그곳

흰꼬리 공작

청계산 등산로에
하얀 공작선 한 척 떠가고 있었습니다

화려한 무늬의 긴 꼬리와 공작의 작위는 없었습니다
접부채처럼 접은 짤막한 꼬리로
조심조심 노를 젓고 있었습니다

머리에 쓴 하얀 돛이 바람에
기울어 아슬아슬 몸이 좌초될 것 같았습니다

가끔씩 눈알을 깜빡거려
몸이 아직 식지 않았음을 보여 주었습니다
하늘 가득 봄꽃 같은 노을이 펴지고 있었습니다

서울대공원 동물원 울타리는 넘었지만
깊고 깊은 저 수평선은 어떻게 넘을는지

어머니 바다

푸른바다 한 폭을 가마우지가
썩둑썩둑 자르며 날아간다
바다는 어머니의 마음으로
찢어진 그 아픈 곳을 금방 기워
상처 하나 남기지 않는데
떨어져나가는 가윗밥 없는데

어머니의 마음을 내 나름으로
어림잡아 마름질 하다가
시접에 조금씩 가윗밥을 넣다가
잘못 나가버린 가윗날
가윗날이 또 깊었던가
마음 베어버린 어머니 빈방에서
종일 상처를 만지고 있다

자명고

바라나시의 질척한 골목에 드러누워 있던, 소
시장바닥에서 검은 비닐봉지를 뒤지고 있던, 소
상점 안으로 뚜벅뚜벅 걸어 들어가
허연 배를 늘어진 북처럼 에어컨 앞에 엎어놓고
눈 지그시 감고 누워있던, 소

내 전생이 정말 소였을까
그래서 소띠일까

종아리에 꽈리처럼 물집이 부풀도록
뜨거운 구들장에 세상모르고 잠을 자던 나와
생쥐가 엉덩이를 파먹어 피가 나도 눈만 껌벅이던
우리 소와 두 놈이 똑 같다고, 엄마는
마른 솔잎으로 물집을 따주며 구시렁구시렁 거렸다
갑오징어 뼛가루를 발라주며
어린것이 소귀신 들렸다면서

내 뱃가죽은 가끔 시리고 아프다
아마도 어딘가에서 내 가죽으로 만든 자명고 같은
북을 누군가가 둥둥 울리고 있는 때인지도 모를 일이다

만재도

자갈밭 위에 종일 널려있던 다시마가 쪼글쪼글 귀를 오므려 파도 소리를 말리고, 별빛을 잘 우려낸 바다가 별빛이 되어가고 있었다

별빛 속을 걸어온 여자가 쏟아지는 별을 다 안으려고 두 팔을 벌리고 빙글빙글 돌았다
별들이 어느 쪽에서 더 많이 쏟아질지,
이쪽에서 저쪽으로 오고 가면서 별 한 조각이라도 놓치지 않으려고 애를 쓰는 흰 손과 얼굴이 어둠 위에 둥둥 떠돌고 있었다

그 얼굴에 달빛가루가 송화처럼 쌓이고 있었다

바다 중심에서 하얀 파도가 밀려와 검은 갯바위를 덮고 있었다
까만 갯바위들은 물개처럼 모여앉아 하얗게 펄럭이는 파도를 쉬지도 않고 북북 찢었다

바위 위에서는 밤새도록
수천의 주름들이 찢겨지고 있었다

섬이 섬을 조금조금 기울이고 있었다
안개의 부피를 덜어낸 물의 무게를 저 너머로 슬금슬금 넘기고 있었다

이과두주

봉미죽,

부슬비에 축 늘어뜨린
봉황의 꼬리 같은 대나무가
휘적휘적 뭔가를 휘갈기고 있다
잔이 비면 어느 덧
술병이 기울어져 다시 잔에 찬다
도연명의 雜詩라도 필사하는지
바람에 날리던 봉두난발이
가지런해지고 한층 더 깊어진 것 같다
문득
붓 멈추고 우두커니 자신을 내려다보는
저 청정무욕의 은거도 때론 지루할 때가 있나보다
봉황새가 한 번도 품어준 적 없는
봉황의 알 같은 계림의 무수한 산봉들
새벽까지 사발탁주를 퍼 마셨는가
아랫도리가 막걸리에 흠씬 빠졌다

어릿어릿 정신을 못 차린다

저 술 취한 마음을 귀신이나 알까 몰라

후리지아꽃과 새우젓

어둠 저 쪽에서 지하철이 아나콘다처럼 배를 깔고 들어온다 아나콘다의 배 속으로 어디로든 떠나고 싶은 사람들이 꾸역꾸역 자진해서 밀려든다 시들은 후리지아, 할머니에게서 후리지아 향이 훅 스민다 냄새는 꽃처럼 정직하다 잠시 후 내 오른쪽 자리에 찌든 사내가 뚜벅뚜벅 걸어와 앉는다 양쪽무릎을 쩍 벌려 한자리 반을 점령한다 나는 슬며시 몸을 반으로 접는다

왼쪽자리에 둥근 이어링을 한 깡마른 청년이 진한 향수로 영역표시를 하며 앉는다 꼿꼿이 세운 노랑 야생마 머리 뒤에서 부산시립미술관 11.13~1.16일까지 50만이 감동한 색채의 마술사 샤갈전이 우리를 관람하고 있다 다시 문이 열리고 서늘한 비린내를 몰며 한 무리의 새우젓들이 파고 들어온다

주례역에서 새우젓들이 분주하게 빠져나간다 개금역, 냉정역을 지날 때마다 남아있던 냄새들이 조금씩 잘려 나

간다 서면역에서 도화살, 까닭 모를 내 역마살도 걸이 나간
다 낮 동안 펄떡거리던 멸치, 밴댕이, 까나리, 사람들, 하
루치의 삶에 폭삭 절어 여름 지하철은 진한 젓갈 독이 된다

마사이마라

사자 한 마리 톰슨가젤을 물어뜯고 있다
톰슨가젤의 피가 사자의 피와 섞이고 있다
목마른 풀도 떨어지는 피를 받아 함께 마셨다
가젤의 피가 야생의 꽃과 들풀이기도 한 것처럼
풀과 꽃과 가젤 모두 사자가 되고 있다

초원 사이로 난 붉은 길을 따라
터벅터벅 사자가 걸어왔다 순한 송아지처럼
사파리 차 그늘을 어미인양 기대 졸고 있다
툭, 사자가 머리를 떨어뜨렸다
부드럽게 등이 휘어지고 낮잠에 빠져들었다
붉은 목도리를 한 새가 날아와
사자의 등에 앉아 부리를 닦았다

어느새 지평선 저쪽에 선지 해장국 같은
노을 한 솥이 펄펄 끓고 있다

텅텅 빈집

방문을 열었다

이 무슨 왕국이란 말인가
방안이 온통 푸른 대숲이라니

처음엔 대밭에서 기어 내려온 죽순 하나가 텅텅 빈 방안이 궁금해 구들을 뚫고 들어와 봤겠지 그리고는 식솔들을 모두 불러들였겠지 이주하고 보니 좋았겠지 가지 많아도 바람 불지 않아 좋았겠지 그렇게 세월가고 계절과 계절을 건너다보니 그렁저렁 줄줄이 자식 태어나 한 부족을 이뤘겠지 가장 먼저 도착한 대나무가 아랫목에 비스듬히 누워 있었다 담뱃대만 물지 않았다 뿐이지 영락없는 아버지였다 낡은 한지문구멍으로 삐죽이 얼굴 내밀고 있는 댓잎 엄마의 눈매였는지 언니의 눈초리였는지 가족사 마디마디처럼 안방에 참대가 뿌리를 내리고 얽혀있었다
옛 성터에 내가 다시 입성한 날

에브리데이

포도밭 건너 와인빠 들어왔네
에브리 데이 그 쪽만 바라보며
에브리 데이 포도알들 커 가네

와인빠는 이제
개발 도시의 토박이 시민 포도알들이 보고 배우는
교육의 막장이 되었네
포도밭이었던 술집 안에서, 사람들 밭고랑이듯 질편하게
의자에 앉아 와인을 마시네, 벌겋게 농익어가네

위하여! 술잔 속에 나도 더불어 빠져
포도주 속에 포도알처럼 발효되어 가네

개발지구 시민들 발효의 효소가 되어 갈 즈음
포도밭 옛길만 환하게 가로등 켜들고 귀가하네

풋내 나는 포도알들 잠들어 있네

파랗고 투명하게 동글동글 닮은 꿈들끼리
흔들거리는 포도밭 옛길로 나 돌아가네

로미오처럼

다락방 하나 공중에 떠 있습니다
지느러미 같은 작은 창문을 달고
날개도 없는 나도 덩달아 떠 있습니다
통나무집 지붕 위에 눈 내려 쌓이고 있습니다

창문으로 머리를 내밀어 봅니다
먹이를 물고 올 어미를 기다리는 아기 산새처럼
문득 나는 이 작은 창문이
로미오처럼 당신이
나를 찾아올 통로로 보입니다

지금 곧 밧줄을 내릴게요
당신은 그 밧줄을 타고 올라오세요

숲속의 밤이 무소식처럼 깜깜해 옵니다
당신, 지금 어디쯤 도착 했습니까
올 것 같지 않다가도 문득 올 것 같은

깊은 내면과 적절한 은유와 상징의 당신

희미한 불투명의 새벽 마당으로
하얀 눈길로
단 하나뿐인 이미지를 뿌리며
나를 찾아주세요, 내 한 편의 詩여

봄눈과 목련

무주 구천동에서 함박눈을 만났다

무릎까지 차고 오르는
풋내 나는 눈과 매몰찬 백목련의
향내가 지붕 가득 쌓이는
동화 속에 파묻힌 하얀 찻집에서
벽난로 이글거리는 장작불 앞에서
머그컵 가득 헤이즐넛을 마신다
텅 빈 커피 잔은 마치 식어버린
사랑 같아서, 마음 같아서
빈 잔을 따뜻하게 채운다
두 손으로 잔을 감싼다
뜨거웠던 추억 하나가 다시
돌아온 것처럼 나는 어느 덧
시간 밖 시간에서 공간 밖
공간을 부전나비처럼 노닌다

조팝꽃

해 지기 바로 10분 전

지금은 하루 중
해가 우려내는 색의 농도가 가장 높을 때

창문의 하얀 커튼에 해의 색소가 스며들고
창 앞에 앉아있는 내 무릎까지
잘 익은 꽈리밭을 밟고 온 빗물처럼 번지고

농익은 수박 속 같은 해가 철교 위에서 멈칫거린다
해는 왜 매번 저 강을 훌쩍 뛰어 건너지 못하고
강에 뛰어들어 물결에 몸을 뉘일까

하얀 바람이, 구름이 이어서 강물에 뛰어든다
강은 아무것도 모르는 척 그런 날은 그런 고백으로
저런 날은 저런 풍문으로 그냥 곱게 물들어 왔다

해 지고 10분 후

새하얗게 질린
그런 눈으로 나를 보지 마

행운의 까마귀

감나무에 검정 비닐봉지가 걸려
까악까악 울고 있다
입구가 먹먹한 비닐봉지 속으로는 햇살이
들 리 없다, 아침이 오지 않는다

어느 시골동네에 검은
비닐봉지의 공포가 뉴스에 뜨고

아득한 침묵이 내리깔리면
뚜벅뚜벅 검정비닐 봉지가 걸어오고
대문 앞에 멈추어 서고
거기 그 자리에다 괴도 루팡이
검은 비닐봉지를 두고 유유히 사라진다는
그 속에는
소화제 박스가 들어있고
그중 한 병에는 꼭
피비린내를 갈구하는 독극물 하나가 숨어 있다는

홈즈 씨 두 손으로 턱을 고이고 고민에 봉착

동네사람 모두를 만나봤지만
모두가 루팡이고 또한 홈즈다
속을 보여주지 않는
절대 속을 볼 수는 없는
이웃이란 말
사촌이란 말
깜깜한 우물 밑바닥 같은 말
마음과 마음의 호흡정지였다

꼬리

도미뱀 한 마리가 꼬리 자르고 도망간다

잘라진 꼬리가
꿈틀꿈틀 있는 힘을 다해 경고한다

경고 1
몸통은 꼬리도 제 몸이란 걸 알아야 할 것

경고 2
몸통이 가야할 옳은 방향을 꼬리가 파악했다는 사실을 기억할 것
몸에서 잘리고도 한참을 팔딱거려 적을 유인해 주었던 역사까지

경고 3
너희 몸통은 우리 꼬리를
항상 무대 뒤에다 두었음을 반성하라!

절대적인 힘을 꼬리에 두는, 캥거루를 보라!

꼬리로 모든 우주를 균형 잡고 일으켜 세우는 캥거루를 보라!

4부

허공

황태 한 상자를 선물로 받았다
노란바람 쌓이는 산골 덕장을 생각했다
줄줄이 매달려 얼었다 녹았다 반복하면서
칼바람 소리를, 동쪽 바다에서 몰려오는
은빛 멸치 떼 같은 고향의 소리로 들으며
때로는 하얗게 눈보라를 뒤집어쓰고
때로는 햇볕에 몸을 말리기도 하면서
경직된 생을 부드럽게 조율하고 있는
속세를 등지듯 바다를 떠나
첩첩산골 출가한 대관령의 찬란한 입멸入滅
고리 하나에 업의 무게를 내맡기고 허공에
매달려 폭설의 뭇매를 맞고 있는 생불生佛

악극단

개구리들이 풍선 같은 울음보를 밀며
집 앞 무논으로 모여든다

무논에 엉머구리들이 하얀 악보를 활짝활짝 펼쳐
1·5톤 트럭 분량의 득음을 부려놓는다

가글가글 고글고글 사랑의 은유인 울음소리가
몽돌처럼 구르다가 논두렁을 찰찰 넘치기도 한다

헛울음 우는 우렛소리가 귀를 찢어도
저 울음들이 더 없이 평화로워지는 이유는
가장 부드러운 그 중심부에 이르러 사랑의 거장이 되는 일

말캉말캉한 구름 같은 개구리금탕을 논바닥에
깔아놓는 행사는 제 항아리 속에 행복을 채우는 노동이다

내 항아리 속에 행복이 없을 때는

다른 사람에게 나눠 줄 행복도 없다는 걸
저들은 이미 알고 있는 모양이다

청매

어느 고운 손이
청매가지에 수를 놓는가
뜰 듯 말 듯 눈빛들 고요하다

발치발치 머무는 눈송이의 눈치라도 살피는가
꽃샘추위 아직 가시지 않았는데

차가운 그늘 묻은 저 꽃눈
영하의 날씨에
눈멀어버릴지도 모르겠다

여린 그 눈매를 차마 바라볼 수 없어서
바람이 청매가지를 흔들어 눈을 털어낸다

천둥과 번개가 이미 한 획 갈필渴筆을 긋고 지나가고
새벽별들이 눈높이에서 종종걸음 친다

목덜미까지 스민 따뜻한 빛을 다독여
지짐거리던 눈을 다스리는 모습 돌올하다

군자란

군자란이 끄떡하면
넓은 잎을 갓끈처럼
풀어헤치고 축, 늘어진다

몇 번 물을 퍼준다

물로 서서히 심신을 닦더니
군자처럼 빳빳하게 몸을 일으킨다

어머니는 젊어서
역마살에 한량 끼 넘치는
군자란을 빗장뼈에 심었다

기진한 군자란에 물을 줄 때마다
새파랗게 어머니가 피어난다

원두막

원두막에 엎드려 빗소리를 듣는다
오이가 벌컥벌컥 빗물 들이키는 소리를 듣는다
넙죽넙죽 빗물을 받아먹는 풋고추와 토마토
다섯 살배기 세현이가
꽃받침처럼 양손으로 턱을 고이고
어제보다 훨씬 커버린 호박을 본다
재는 머 먹고 저만큼 잘 컸어요?
재는 음……,
해 나오면 햇살 한 공기 뚝딱 먹고
비오면 빗방울 한 대접 후루룩 마시고
그러니까 훌쩍 커버리지
햇살이 밥인가요?
응, 그래 빗물은 국이야
푸성귀들의 국맛을 저도 보겠다는 듯이
혀를 쏘옥 내밀어 빗물을 맛본다
입안에 분홍 나리꽃잎 폈다

복숭아

하얀 살갗에
진홍의 실핏줄이 잘 피어나는
너의 속살을 탐하고 보니
방울뱀보다 더 진한 독이 내 혀끝에 맺힌다

인생

오늘 그리고 내일

하루가, 영원히, 모두

일회용 컵이다

종이 컵이다

닦아서 다시 쓸 수 없는

어떤 메시지

'나, 이제 가야할 것 같아요. 그곳으로
그동안 고마웠습니다.
그곳에서 다시 만납시다.'

누군가의 장난쯤으로 생각되는
메시지를 나는 곧 지워버렸다

다음날 그 번호로 부음이 왔다

화성인

베어스 타운에는
수 십 그루의 살구나무들이 있네
움켜잡고 있던 새콤달콤한 손을 놓아버리네

빨간 볼따구니에 작은 깨알이 박혀있는
몽골 소녀를 닮은 살구를 줍네

어매는 달을 두고 풋살구가
꼭 하나만 먹고 싶다 하였으나, 라던
옛 시인의 어머니가 생각나네

달이 뜨자 살구나무는 시디 신
노란 별들을 주렁주렁 매달고 있네

툭,
벌레 먹은 별 하나 떨어지네
살구 빛의 한 화성인

꼬물꼬물 별에서 빠져 나오네
지상에 뜨거운 첫발을 딛네

굴

반구대 암각화에서 북쪽으로 30리쯤 가면
껍데기만 위안부 할머니처럼 깜깜하게 누워있는 폐광이 있다

모닥모닥 마른 솔잎을 쌓고 불을 피우며 안으로 들어갔다
적막이 나뭇잎처럼 흔들렸다

폐광 가장 깊은 곳에는 무엇이 남아있을까
어둠을 더듬어 어둠을 걷어내며 들어갔다

허공에 발이 닿았다
내 몸이 그대로 허공이 된 듯 허우적거렸다
버적거리는 빈 벽을 잡았다
한 발치 쯤 앞에 어둠속에 우물이 있었다

어둠 속에서 어둠이 된 것 같은 우물
위안부 처녀들을 생각하며 돌을 들어 우물에 던졌다

풍~덩! 한참이 지나서야 수면에 동그라미를 그렸다
동그라미들이 지탱하기 힘들었던 외로움처럼
저들끼리 몸을 비비다 지워졌다

묵직한 추가 매달린 것 같은 가슴을
침묵이라 해야 할지
외침이라 해야 할지

오시리스Osiris의 저울

새댁인 어머니가
초벌 삶은 보리쌀 뜸 들이고 있을 때

허물어져가는 떠돌이, 삽짝을 밀고 들어섰다.
주뼛주뼛, 입 떼지 못하고 손가락 없는 손바닥만 마주 비비고 있었다
밥 줄까? 절레절레, 쌀 줄까 반찬 줄까? 좌우로 머리만 흔들던
그가 어렵사리 말문을 열어

가마때기 한 장이 필요하다,고

다음날 아침 동네 어귀 헛간에
낡아가던 하나의 질긴 목숨이, 무너진 몸집 한 채가
낡은 짚 가마니 속에 썩은 호박처럼 찌그러져 있었다

날캉날캉한 가마니에 누더기 몸을 벗어 놓고

이승의 뜨거운 눈시울도 벗어놓고
다독다독 제 목숨 제가 거두어간 거적주검을
신은 뭐라고 할까?

그의 심장을
오시리스 신의 천평 저울에 달았을 때
제발 새의 깃털보다 가벼웠기를

* 이집트인들은 죽은 자의 심장이 새의 깃털만큼 가벼워야 미라를 통해 부활한다고 믿는다.

반구대 암각화

거북이가 넙죽 엎드린 형상이라 이름 지어진 곳이, 여기다

그때는 땅 끝이고 바다의 끝이었던 이곳에서 혼자,
혹은 무리가 바위에 새기며 안녕을 염원하던 곳이, 여기다

할아버지, 그, 그 할아버지가 바위에 그림 그리고 무수한 아버지들이
고래를 잡고 들소를 사냥해 오고 여자들이 식사를 준비했던 곳이, 여기다

아이들이 어른이 되자 어른들은 사라져 버렸고,
세월이 흐르고 흘러 그들의 후손, 드디어 내가 태어난 곳

초등학교 중학교 내내, 내 단골 소풍지였던 곳도, 여기다
고래처럼 헤엄치며 친구와 다슬기 잡고 놀았던 곳도, 여기다

오늘밤은 이때껏 발견되지 않은 새로운 별이 뜰 것 같다

무수한 날들 속에 무수한 사람들이 놀다간 누각 한 채 같은 별

텃새

철다리 아래 작은 개울에서
햇살이 태우다만 발을 식힌다
텍사스 참새 한 마리가 벌레를 물고 날아와
나뭇가지에 앉더니 날개 몽둥이를 휘두른다
가란다, 철새는 빨리 떠나버리란다
참새 나부랭이에도 기가 죽어 일어나는데
다리 아래쪽에 숨겨진 둥지가 이마에 닿을 듯 가깝다
숲 사이로 하루 서너 번씩 찾아들던 햇살도
알아채지 못한 그 집 주인, 텃새의 바디랭귀지가
말이 통하지 않는 불법체류 단속반처럼 강제로
나를 추방하겠다는 듯이 더욱 극성을 떤다
잿빛 둥지 속에 세 마리의 솜털들이 노랑
개나리꽃 입을 활짝 피웠다가 조용히 접는다
철다리 위로 쿵쾅거리며 금발의
소녀가 자전거를 타고 지나간다
조깅하는 빨강 운동화가 둥지를 흔들며 지나간다
그래도 참새의 날개는 솔방울처럼 조용조용하다

도적골 이야기

—故 최욱경 화백의 그림 '학동마을'이 정부 고위직 뇌물에 사용되었다는 뉴스를 들으며 사당행 버스를 타고 과천정부청사를 지나가던 날—

-검은돈을 벌기에 가장 좋은 벼슬로
平安監司 義州牧使
현감 자리론 果川縣監을 친다더니
과천현감이 다른 곳으로 발령을 받아가게 되어
그 공을 찬양하기 위해 송덕비를 세워 주었다는데

현감이 떠나면서 송덕비를 가린 막을
열어보고는 깜짝 놀랐는데
(今日送此盜)"오늘 이 도적을 보내노라"
현감은 그 비문 곁에
(明日來他賊) "내일이면 다른 도적오리니"
라고 썼고 그를 보내는 아전이 다시 그 옆에
(此盜來不盡)"도적들 오고감이 끝이 없으니"
라고 썼다는데-

청사 꽃밭에서
집 없는 발발이가 볼일? 보는 걸

보다가 삽시간에 꽃밭이 똥밭이 되는 걸 보다가
"道는 똥이나 오줌에도 있다."고 한
장자란 그 사내가 생각나는 것은 이 무슨 연고인지

21C 수도승

—파슈파티 나트 사원 힌두교의 성지입구에는 사람의 시체가 타는 냄새와 썩어가는 개천 '바그마티'가 있는데, 바그마티는 그들이 신성시 하는 강이며 인도의 갠지스로 흘러들어 간다—

바그마티 강가 언덕
신성한 고목 밑에

아무리 봐도
거렁뱅이 노숙자로밖에 보이지 않는
힌두교 승려들이
디딜방아 절구공이 같은
시바신의 남근상이 모셔진 그 둘레에
앉아서 혹은 누워서
마리화나 연기에 동공이
이름 모를 꽃처럼 흔들리고 있다

누가
인간은 왜소하다
그러나 수도자는 하늘이고 우주이며
땅이고 바다라고 했던가?

9.9할의 혼은 넋의 경계 안에 들이밀고
단지 세상을 향하고 있는 건
무거운 거적눈 밀치고 나온
눈곱 낀 0.1할의 눈빛일 뿐인데

해설

만물이 상호연기相互緣起하는 세계 속에서

— 박분필 시집 『산고양이를 보다』에 부쳐

장석주 시인 · 문학평론가

만물이 상호연기相互緣起하는 세계 속에서
— 박분필 시집 『산고양이를 보다』에 부쳐

장석주 시인 · 문학평론가

우주 속에서 사람과 미물, 산 것들과 숨결을 얻지 못한 사물들은 천변千變하고 만화萬化한다. 시는 그 천변과 만화에 반응하는 마음들을 비춘다. 그러나 시는 실용에서는 한없이 무력하다. 돈 되는 것들을 향해 손과 발과 머리가 쏠리는 이 시대에 들인 것에 견줘 수확이 작은 시를 쓰는 일에 인생을 거는 일은 쉽지 않다. 그래서 오늘의 시는 태양이 있는데 헛되이 비추는 불빛이요 비가 내리는데 헛되이 뿌리는 물과 같다,해도 새로운 시인들은 끊임없이 나오고 새로운 시들도 여전히 끝없이 나온다. 때로 이런 것들이 불가사의하지 않은 게 아니지만, 아마도 시가 여전히 우리의 메마르고 거친 내면을 적셔 온갖 씨앗들이 뿌리를 내리고 꽃필 수 있게 만드는 물줄기라고 믿기 때문일 것이다. 시인들은 자신의 불운과 불행을 빚어서 시라는 빛을 만들고 그 빛으로 우리 삶의 어두운 부분들을 비춘다. 윤동주의 덜 알려진 시 「눈 감고 간다」에 "발부리에 돌이 채이거든/ 감았던 눈을 와짝 떠라"는 구절이 있다. 발부리에 돌이 채이는 걸 봐서 밤길인가 보다. 밤길을 가는 것은 눈 감고 가는 것이나 마찬가지다. 이때 좋은 시는 세계에 대한 직관적 인식을 자극하고 감은 눈을 '와짝' 뜨게 해준다.

구겨진 어둠 다림질 하며
세상 밖에서 울퉁불퉁한 도로로 차를 몰고
사람의 마을로 내려간다

온몸이 깜깜한 산고양이 한 마리가 길옆에서
반짝이는 나뭇잎 같은,
단풍나무 열매 같은 두 개의 눈망울로
갸르릉갸르릉 무슨 암호를 타전하고 있다
현장 확인을 생략하고
맥주에 치킨을 곁들이기 위해 달리는 길

갓길 따라 맥주거품 같은 눈발들이 날리고 있다
얼어붙은 잔설이 잘 튀긴 닭 껍질처럼 바싹바싹 바퀴

에 부서진다

용현 휴양림 통나무집으로 돌아오는 길
고양이가 있던 자리에 고양이가 지워져 깜깜하다
마치 미래처럼 볼 수 없는 내 눈을
그놈은 현재 노려보고 있을 것이다
뒷자리의 포장치킨에서
수상한 소문들이 모락모락 들려온다
창문을 조금 내려 소문을 흘려보내는데
그때! 고양이 꼬리가 얼핏 백미러에 찍힌다
꼬리는 밟히지 않으면 그만이다
증거인멸이지
조작의 흔적은 더욱 없으니
유리창에 눈, 눈, 눈들이 바글거린다
—「산고양이를 보다」 전문

박분필 시인은 묘사에 재능을 가진 시인이다. 이 시를 문면에 따라 읽으면, 이 시는 용현 휴양림 통나무집에서 나와 맥주와 치킨을 사가지고 돌아오는 그 사이에 본 풍경들의 묘사다. 그 집에서 '사람의 마을'로 내려갈 때는 이미 어두워진 뒤다. 도로가 울퉁불퉁하다니, 비포장도로인 모양이다. 자동차는 그 울퉁불퉁한 비포장도로 위에 펼쳐진 구겨진 어둠을 다림질 하며 내려간다. 그때 길옆에서 검정 몸통을 가진 '산고양이 한 마리'를 보는데, 산고양이는 "반짝이는 나뭇잎 같은/ 단풍나무 열매 같은 두 개의 눈망울"로 어디엔가 '암호를 타전'한다. 우연히 만난 산고양이의 울음소리를 '암호를 타전'하는 것으로 듣는 것이 어색하지는 않다. 하지만 시의 화자는 산고양이를 무시하고 자동차를 운전하는 일에만 신경을 썼을 것이다. 그 다음 연의 묘사를 보면 그 사실이 드러난다. "갓길 따라 맥주거품 같은 눈발들"이 날리고, "얼어붙은 잔설이 잘 튀긴 닭 껍질처럼 바싹바싹 (자동차) 바퀴에 부서진다." 공중에 날리는 눈발들과 자동차 바퀴 밑에서 부서지는 잔설들에 대한 이 직유들로 인해 시는 감각적 생동감을 얻는다. 시의 화자가 '사람의 마을'에서 치킨과 맥주를 사러 가는 길이니, 눈발들을 맥주거품으로, 잔설을 잘 튀긴 닭 껍질로 상상하는 것은 매우 자연스럽다. 다시 '사람의 마을'에서 통나무집으로 돌아오는 길에 어둠은 더 짙어져서 "고양이가 있던 자리에 고양이가 지워져 깜깜하다". 고양이가 어디로 사라진 게 아니라 어둠 속에 묻혔기 때문에 고양이는 볼 수가 없다. 자동차 뒷좌석에 놓아둔 포장치킨은 '수상한 소문들이 모락모락' 피워 흘려보내는데, 고양이는 어디로 갔는가? 궁금해

하는 그 찰나 자동차의 백미러에 얼핏 '고양이 꼬리'가 스친다. 그러나 "꼬리는 밟히지 않으면 고만이다". 산고양이는 시의 화자가 통나무집에서 나갔다가 돌아오는 것을 목격했지만, 그 목격 행위에 대한 증거는 없다. 꼬리를 밟히지 않았으니까! 더구나 '조작의 흔적'도 남기지 않았으니까!

나는 이 시를 몇 번 더 읽는다. 시인은 무슨 말을 하고 싶었던 것일까? 그 메시지는 모호하다. 자동차 유리창에 눈발이 바글거리던 날의 외출에서 우연히 목격한 온몸이 깜깜한 산고양이에 대해서, 혹은 어디선가 나를 노려보고 있을 산고양이의 정체에 대해서 말하고 싶었던 것일까? 그것이 마음에 남긴 생생한 자취, 혹은 스쳐 지나감의 우연에 대해서? 그럴지도 모른다. 삶은 그런 순간들과 우연들의 축적일 것이다. 나는 이 삶의 기미들을 품은 순간과 우연들을 통해 어떤 덧없음을 느낀다. 생의 어떤 찰나들이 생생할수록 그것이 품은 덧없음 역시 찬란해진다. 삶이란 「오체투지」에서 묘사하듯, 지렁이가 보도블럭 위에 기어간 흔적에 견줄 수도 있을 것이다. 시인은 "오로지 죽음을 향해 오체투지하는/ 저 봄날의 장렬한 육박전 같은 몸부림"이라고 했고, "저 봄날의 화려한 사육제 같은 몸부림"이라고 했다. 그것이 육박전이건 사육제건, 삶은 몸부림이다. 아울러,

세상을 향한 오체투지다. 결국 붉고 긴 몸뚱이를 가진 지렁이는 불볕더위로 달아오른 보도블럭 위에서 미라가 될 것이다. 한여름 보도블럭 위에서 미라가 되는 지렁이나, 한겨울 산골 덕장에서 허공에 매달려 얼었다 녹기를 반복하며 '찬란한 입멸入滅'에 드는 황태는 하나다. 시인은 이것들을 꿰서 은유를 빚고 이 은유를 하나로 보며 삶을 직관한다.

시는 어떤 사람에겐 감각적인 즐거움을, 어떤 사람에겐 사물들을 투명하게 응시하는 계기를 준다. 아울러 시는 사람의 감성과 지성을 날줄과 씨줄로 엮어 사람의 오성悟性을 자극하고 잠든 의식을 깨어나게 한다. 박분필 시인이 "천둥과 번개가 이미 한 획 갈필渴筆을 긋고 지나가고/ 새벽별들이 눈높이에서 종종걸음 친다"(「청매」), "사람의 양지는 사람임을 알았"(「그의 등」)다, 라고 쓸 때, "다비라도 하려는지/불땀 좋은 노을 한 자락의 불길이 이글이글 숯잉걸"(「올챙이」)이 된다고 할 때, "무논에 엉머구리들이 하얀 악보를 활짝활짝 펼쳐/ 1·5톤 트럭 분량의 득음을 부려놓는다"(「악극단」)라고 쓸 때, "백버짐 낀 물박달나무 가지와 가지가/ 하얀 붕대를 풀고 있습니다"(「초대」)라고 쓸 때, 내 잠든 의식이 진저리를 치며 깨어난다. 시들을 통독하면서 즐거워지는 것은 이런 번쩍임을 머금은 구절들을 만날 때이다. 이 구절들은 세계와 사물들을 생동하는 한 찰나로 꿰어 낸다. 이때 한 찰나는 감각적 명증성을 가진 언어를 얻어 시적 오성으로 우리를 이끄는 것이다.

나무가 제 그늘을 들어 옮긴다
십 초 이십 초 간격으로, 그늘이
조금씩 낡아가는 걸 나무는 알까
나무는 내일이면 당장
새 그늘을 갈아입을 것이다

공원 귀퉁이에 버려진 낡은 옷
누군가를 감싸주었던 기억마저 누덕누덕하다
주머니를 뒤지고 솔기를 까뒤집던
바람도 이제 피곤하다

단순한 일상을 매일 반복하는 일이란
얼마나 마음지치고 낡아가는 일인지
실밥 하나 기어 나와 낡고 지친 옆구리들, 상처들
잡아당겨 깁기 시작한다

어둠이 깊어져

남은 그늘들을 모두 지워 버린다

—「낡아가는 그늘」 전문

무엇보다도 좋은 시인은 사람들이 다 보았음에도 놓치는 것들을 발견해 내는 자다. 창의성이란 없는 것을 만들어내는 것이 아니라 이미 있는 것의 발견이요, 그것을 꿰뚫어 징조를 읽어내는 일이다. 「낡아가는 그늘」은 나무가 드리운 그늘에 대한 새로운 발견이다. 더 정확하게 말하자면 그늘의 낡아감에 대한 발견이다. 그늘들은 사람이 입은 옷과 같이 시간과 더불어 낡아지고 누추해진다. 그래서 나무들은 날마다 새 그늘을 갈아입는다. 마침내 오래되어 누더기가 된 그늘들은 벌어진 '옆구리들, 상처들'이 되고, 벌어진 것들은 기워야 한다. 이 그늘이란 무엇인가? 나무가 자아의 실재성에 대한 은유라면 그림자는 자아의 부재에 대한 암시다. 그림자는 실재의 형상에서 뻗쳐 나오는 불가피한 무無와 공空의 흔적이다. 그것은 아마도 "가랑비가 내리는데 피할 곳이 없는 영혼처럼/ 몸 없는 내 영혼 나뭇가지에 앉으려 한다/ 한낱 깃털과 같은 나를 바람이 날려 버린다/ 절벽에서 파도 속으로 낮달이 뛰어든다/ 내 흔적도 가볍게 물너울로 흩어져 간다"(「가랑잎」)라고 할 때의 몸 없는 영혼, 한낱 깃털, 흩어져 가는 그 무엇의 흔적이다. 시인은 그것을 투명하게 응시한다. 아울러 선불리 허무주의에로 기울어 시의 세목들을 암울함으로 채색하지 않고 사실에 대한 충실한 보고자로서의 자리를 지킨다.

발가락이 노란 새 한 마리 숲을 꿰고 있습니다

새의 맥박소리 가늘게 흔들려서 고요를 꿰고 있습니다

거북돌이 물밑에 가만가만 엎드려 물살을 꿰고 있습니다

시간이 물소리를 꿰고 물소리는 시간을 꿰고 있습니다

물뱀이 단풍을 맑게 시침질하는 햇살을 꿰고 있습니다

푸른 물잠자리 날갯짓이 바람을 꿰고 있습니다

너와집 처마의 그을음이 가을 한 접을 꿰고 있습니다

—「물수제비」 전문

이 시는 좋은 언어감각과 사물에 대한 날카로운 관찰이 잘 어우러진다. '꿰다'라는 동사의 활용이 두드러지는 시다. 가을의 물성을 가진 것들로 시행을 잇는데, '꿰다'의 이쪽과 저쪽에 놓인 것들의 대칭성은 한 치의 오차도 없이 엄연하다. 이를테면 발가락이 노란 새, 새의 맥박 소리, 거북돌, 시간, 물뱀, 푸른 물잠자리, 너와집 처마의 그을음이 고요, 물살, 시간, 햇살, 바람과 조합을 이루고 이미지와 이미지를 축조하며 한 편의 시가 빚어지는 것이다. 여기서 두드러지는 것은 자연과 투명한 조응을 하는 시인의 고요한 마음이다. 시인의 마음이 숲을 꿰고, 고요를 꿰고, 물살을 꿰고, 시간을 꿰고, 햇살을 꿰고, 바람을 꿰고, 가을 한 접을 꿰는 것이다. 이렇듯 자연은 사물과 존재들이 무연한 듯 보이지만 서로 스미고 섞이고 이어져서 상호작용을 하고 움직인다. 만물이 상호연기相互緣起 속에서 쉬지 않고 움직임으로 우주는 생동으로 가득 차는 것이다.

된서리가 내리고
산속 밤은 절벽처럼 캄캄한데
탁탁 따그르르 목탁 소리
말모기가 삐꺽거리는 몸으로 창호지 문을 두드린다
밤이 개울물처럼 흐른다
이 늦가을에 죽어가는 곤충들이
물고기들이

모기의 목탁 소리로 천도될 수 있을지
나와 인연의 줄기에라도 묶인 듯 녀석은
비척비척 온돌방 아랫목까지 내 눈길을
끌어 잡고 내려오더니 뒤로 벌렁 나자빠진다
겨우 일어나더니 다시 기를 쓰고 퍼덕퍼덕 뛰어다닌다
여름을 키질하느라 휘어진 두 날개를 지팡이처럼 짚고
몸을 세워 돌다가, 물구나무를 서다가 중심이 무너진다
낡은 옷자락에서 뜯어낸 검정 실밥 같은 다리가
그만 기진맥진
가슴 하나에 심어진 여섯 개의 다리가 다시
엉클어지더니 서로를 더듬더니 허공을 놓아 버린다
그 바람에 가을에서 겨울 쪽으로 기우뚱
계절이 몇 눈금 더 기울어지고
—「다리 긴 모기」 전문

시의 화자는 늦은 가을밤 산속에서 하룻밤을 보낸다. 시인은 창호지 창문을 목탁 소리를 내며 두드리던 말모기를 통해 산 것들이 처하는 곤고困苦함을 암시적으로 드러낸다. 된서리가 내리고 곤충들은 세상을 뜰 채비를 한다. 말모기가 창호 문을 두드리는 소리를 목탁 소리로 치환하고 그것으로 말미암아 죽어가는 것들이 천도가 될 것인지를 염려하는 마음이 따뜻하다. 말모기는 '두 날개를 지팡이처럼 짚고' 몸을 세워 보지만 여의치 않다. 나자빠지고, 뛰어다니다가, 중심이 무너진다. 중심을 잃고 비척거리는 산 것의 가여운 행태를 견인하는 이 동사의 연쇄들로 말미암아 말모기가 처한 생의 고갈로 맞은 위기는 여지없이 드러난다. '낡은 옷자락에서 뜯어낸 검정 실밥 같은 다리'는 여섯 개인데, 이제 기진맥진해서 제 한 몸뚱이를 지탱할 수가 없다. 시의 화자와 죽어가는 말모기는 '가을에서 겨울 쪽으로 기우뚱' 넘어가는 시절의 인연으로 묶여 있음을 담담하게 말한다. 이 기진맥진한 말모기는 '허공을 놓아버린' 채 죽어간다. 산 자로서 죽어가는 것을 바라보는 심경은 처연했을 텐데, 시인은 끝내 그 마음의 처연함을 직설하지 않는다. "그 바람에 가을에서 겨울 쪽으로 기우뚱/ 계절이 몇 눈금 더 기울어지고"라고 시를 끝낸 것은 시인의 의식이 끝까지 냉철함을 잃지 않고 있다는 증거다. 시인은 다음에 이 구절을 지워버린다. 이 시의 결구로 맞춤한 것은 "모든 죽어가는 것을 사랑해야지"가 아니었을까. 하지만 이것은 이미 한 유명한 선배시인이 써버렸다. 윤동주는 「서시」에서 "별을 노래하는 마음으로/ 모든 죽어가는 것을 사랑해야지"라고 적었다.

일제강점기에 태어나 고단한 삶을 살았던 윤동주는 '별을 노래하는 마음'이 죽어가는 것들을 사랑하는 마음과 하나라는 걸 일찍이 깨닫는다. 윤동주보다 한 세기 뒤에 시를 쓰는 박분필 시인도 이 '별을 노래하는 마음'이 꽃눈이 영하의 날씨에 눈멀어 버릴지도 모르겠다고 걱정하는 마음(「청매」), 물푸레나무가 새잎 자리에 푸른 핏물로 수혈하는 소리를 듣는 마음(「덕유산 계곡」), "꽉 닫힌 문이 활짝 열어젖혀진다는 건/ 얼마나 유쾌한 일인지"를 아는 마음(「사소한 행복」), "당신이 가꾼 채소밭을 이미 밟아 버렸는데/ 때늦은 후회와 부끄러움으로 서성이는"(「텃밭」) 마음이 다 하나라는 걸 깨닫는다. 이 깨달음은 마음의 넉넉함이 가져다준 선물이다. 박분필 시인의 시에는 산고양이와 말모기 말고도 무수히 많은 크고 작은 생명들로 북적거린다. 까마귀, 소, 파리, 개구리, 염소, 개미, 낙타, 잠자리, 흰꼬리 공작, 사자, 톰슨가젤…… 따위의 산 것들은 다 생명우주의 일원으로 동등하다. '나'와 이것은 다르지 않다. 시인은 저 유년기에 엄마가 했던 말, "종아리에 꽈리처럼 물집이 부풀도록/ 뜨거운 구들장에 세상모르고 잠을 자던 나와/ 생쥐가 엉덩이를 파먹어 피가 나도 눈만 껌벅이던/ 우리 소와 두 놈이 똑같다고"(「자명고」)한 그 말을 잊지 않는다. 우리는 어디에서 왔다가 다시 어딘가로 사라진다. 하나도 예외가 없이 죽어가는 운명을 짊어지고 있다. 살아 있는 것들은 살아 있는 동안, 시리고 아픈 몸으로 천변千變과 만화萬化를 겪어낸다. 사람과 미물은 다르지 않다. 우리는 이것들을 품고 사랑해야 한다. 이게 '별을 노래하는 마음'이고, 그 마음 바탕에 깃드는 윤리적 소명이다. 박분필 시인은 윤리적 소명으로서가 아니라 본능으로 그 사실을 깨닫는다. 시인이 별 현실적 쓸모가 없는 시에 매달리는 것도, 그의 시에 남다른 온기가 느껴지는 것도, 이성에 앞서는 그 따뜻한 본능의 지혜 때문일 것이다. 시로 돈도 못 벌고 명예도 얻지 못하지만 시인들은 시쓰기라는 이 무상한 일에 묵묵히 매달린다. 그런 시인들이 있기에 우리 감성은 보다 풍부해지고, 이성은 지혜를 취한다. 결국 시인들 때문에 세상은 조금 더 살 만해질 것이다.

박분필

박분필 시인은 울산에서 태어났고, 성균관대학교 유교경전학과에서 석사학위를 받았으며, 2006년 '시와시학사'에서 『창포잎에 바람이 흔들릴 때』를 출간함으로서 문단활동을 시작했다. 2011년 KB(국민은행) 창작동화공모제에서 대상을 수상했으며, 동화집으로는 『홍수와 땟쥐』(랜덤하우스)가 있다.
박분필 시인의 두 번째 시집인 『산고양이를 보다』는 천변만화하는 이 세상의 삶의 현상들을 드러내 보여주고 있다고 하지 않을 수가 없다. 그의 실천적 시선은 오체투지와도 같은 찬란한 입멸入滅의 세계를 드러내 보여주고, 그의 이론적 시선은 만물과 상호 조화를 이루는 우주론적인 세계를 드러내 보여준다. 이론과 실천, 전쟁과 평화는 둘이 아닌 하나이고, 그 하나됨의 경이를 박분필 시인의 『산고양이를 보다』에서 우리는 다같이 목도하게 될 것이다.

이메일주소 : pbpil@hanmail.net

박분필 시집

산고양이를 보다

발　　행 2013년 3월 14일
지 은 이 박분필
펴 낸 이 반송림
편집디자인 김지호
펴 낸 곳 도서출판 지혜
계간 시전문지 애지
기획위원 반경환 이형권 황정산
주　　소 300-812 대전광역시 동구 삼성1동 273-6
전　　화 042-625-1140
팩　　스 042-627-1140

전자우편 ejisarang@hanmail.net
애지카페 cafe.daum.net/ejiliterature

ISBN : 978-89-97386-48-2 03810
값 10,000원